CHANTS GUERRIERS

PAROLES ET MUSIQUE

DE

PIERRE DUPONT

LE SIÉGE DE SÉBASTOPOL. — SCHAMYL
LA PLAINTE DU RUSSE. — LE CHANT DU DANUBE

PRIX : 50 CENTIMES

PARIS
ARNAULD DE VRESSE, LIBRAIRE-ÉDITEUR
QUAI DES GRANDS-AUGUSTINS, 7

1855

LE SIÉGE DE SÉBASTOPOL

D'Odessa la blanche fumée
Et de Bomarsund le canon,
Au gré de notre double armée
Ont-ils vengé Sinope? Non.
De l'Alma la claire victoire,
D'Inkerman le sanglant succès
N'étaient que des arrhes de gloire,
Et ce n'est point encore assez :

L'aigle double tient bon sur cette citadelle
 Et l'on a beau
 Tirer sur cet oiseau,
Il crie encore, et bat toujours de l'aile ;
 Soldats, il faut   ⎞
 Viser plus haut !   ⎠ (bis.)

Nous avions débarqué sans peine,
Et nous pensions d'un tour de main,
Après avoir battu la plaine
Battre les forts le lendemain.
Ces tours de granit imprenables

1855

N'ont d'accès que par le ciel bleu
Nos soldats quoique vulnérables
Sont des salamandres au feu.

L'aigle double tient bon sur cette citadelle, etc.

Dans ces lamentables batailles
Quel mutuel acharnement !
Les Russes comme des murailles
Résistaient au bombardement.
Les zouaves comme des chèvres (1)
Escaladaient les défilés :
Les ennemis comme des lièvres
Fuyaient, une fois ébranlés.

L'aigle double tient bon sur cette citadelle, etc.

Embourbés jusqu'à la ceinture
Dans la pluie et le froid des nuits ;
Les fléaux, la température
Sont nos plus cruels ennemis.
De nos chasseurs, la carabine
Ajuste à plus de mille pas,
Et leur calcul certain devine
Le point que leur œil ne voit pas.

L'aigle double tient bon sur cette citadelle, etc.

---

(1) Mot attribué à Menschikoff à propos de la conduite des zouaves à la bataille de l'Alma.

Vers les murs la tranchée avance ;
On les enjamberait d'un saut,
On bride notre impatience ;
Que le clairon sonne l'assaut !
Prenons le chemin de la bombe
Qui s'élève au dessus du sol,
Trace une courbe immense et tombe
Sur les toits de Sébastopol !

L'aigle double tient bon sur cette citadelle, etc.

Des deux parts quelle boucherie !
Que de morts ! Il faut en finir,
Mais non pas sans que la patrie
N'ait, au retour, à nous bénir :
Du droit des gens elle est jalouse,
Appuyons-le de nos fusils,
Et songeons qu'en dix-huit cent douze
Un autre czar nous a trahis (1) !

L'aigle double tient bon sur cette citadelle, etc.

(1) La veille du traité de Tilsitt, l'empereur Alexandre était à notre merci, et le lendemain il préparait la coalition des Puissances contre nous.

SCHAMYL

De tous les rochers du Caucase
Dont chacun recèle un péril,
Le plus solide sur sa base
C'est la volonté de Schamyl.

Schamyl est un nouveau prophète
Qui longtemps seul a tenu tête
A Nicolas dans son orgueil ;
D'Allah cet envoyé mystique
A dit au pape schismatique :
« Tu ne passeras pas mon seuil ! »

De tous les rochers du Caucase, etc.

Dans le jeûne et dans la prière,
Puisant une vertu guerrière
Qui lui fait braver mille morts,
Il rit du plomb et de la flamme,
A faire penser que son âme
Est la cuirasse de son corps.

De tous les rochers du Caucase, etc.

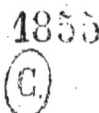

Aux cimes d'où part le tonnerre
Il a fortifié son aire
Dans les roches du Daghestan,
Convulsions de la nature
Dont chacune est la sépulture
De quelque audacieux Titan.

De tous les rochers du Caucase, etc.

Qu'une armée entière le cerne,
Que le canon sur sa caserne
Décrive son arc enflammé,
Il sort des combattants de terre,
Chaque montagne est un cratère,
Chaque buisson est animé.

De tous les rochers du Caucase, etc.

En ces effroyables mêlées,
Euménides échevelées,
Les femmes, seins nus, œil hagard,
Roulent des rochers plus grands qu'elles
Et font tuer à leurs mamelles
Leurs fils pour les ravir au czar.

De tous les rochers du Caucase, etc.

Regardez la crinière fauve
Et l'œil bleu de celui qui sauve
Son peuple d'un immense affront !
Le Nord se livrait sans défense :
Seul, arc-boutant d'indépendance,
Schamyl a redressé le front.

De tous les rochers du Caucase, etc.

Depuis, tout l'Occident se lève
Contre le gigantesque rêve,
Héritage des czars mourants;
On va resserrer leur frontière :
Le Sultan et l'Europe entière
De Schamyl grossissent les rangs.

De tous les rochers du Caucase, etc.

Il s'ouvre une nouvelle phase;
Aux flancs antiques du Caucase
Nicolas va voir, à son tour,
Son ambition garrottée.
De ce moderne Prométhée
Schamyl! tu seras le vautour!

De tous les rochers du Caucase, etc.

LA
PLAINTE DU RUSSE

Un prisonnier, qui de la Sibérie
S'était enfui miraculeusement,
M'a dit les maux dont souffrait ma patrie,
Je les médite en mon isolement.
Pauvres moujiks! on escompte nos âmes;
Troupeau de serfs à la glèbe attaché
On nous vend, nous, nos enfants et nos femmes,
Comme un bétail que l'on mène au marché!

   Mais il disait que notre terre
   Verrait bientôt ses maux finir,
   Et que, cette fois, la lumière
   Du soleil couchant doit venir.

De la Russie il m'a peint la légende,
Orgie infâme où le sang coule à flots :
On est grand czar, on est czarine grande,
Quand on ourdit de funèbres complots.

1855

Pierre le Grand lui-même, tient la hache,
Et Catherine a tué son mari.
Sur le velours le sang laisse une tache,
La peur fera changer le favori.

 Mais il disait que notre terre, etc.

Et ce sont là nos pontifes suprêmes,
Ceux devant qui nous sommes à genoux,
Bénis par eux ou chargés d'anathèmes,
C'est la rosée ou la foudre pour nous.
Ah! plaise à Dieu que l'univers échappe
Au double joug dont ils pressent nos fronts;
A cette tiare, à cette lourde chappe
Dont les plis neufs cachent des éperons.

 Mais il disait que notre terre, etc.

De temps en temps le tambour nous déplace,
Le knout en l'air, un soldat nous instruit,
Et qu'on nous fouette ou qu'on nous tue en masse,
La discipline en nos cœurs fait la nuit.
L'aigle noir double en ses terribles serres
Tenant le sceptre avec la pomme d'or,
Nous crie : il faut des peuples tributaires
Pour apporter des roubles au trésor !

 Mais il disait que notre terre, etc.

Le prisonnier dont la barbe était blanche,
Dont chaque ride accusait un chagrin,
Dont l'œil avait une expression franche
Et dont le front semblait être d'airain,

Me dit, un jour d'intime confidence,
Tout bas, un mot des Russes ignoré,
Qui de ma nuit a rompu le silence
Depuis qu'il a dans mon esprit vibré.

 Car il disait que notre terre, etc.

O liberté ! nom que mon peuple ignore
Que le vieillard a prononcé tout bas,
Tu m'apparais comme la belle aurore
Qui mettra fin à nos sanglants combats.
Brisons le knout ! Rails, sillonnez le monde !
Peuples lointains, la Russie a du blé :
Apportez-lui la science féconde
Et l'art divin qui chez nous est voilé.

 Puis il disait que notre terre, etc.

# 1er Couplet.

Un pri-son-nier qui, de la Si-bé-ri-e, S'était en-fui mi-ra-cu-leu-se-ment, M'a dit les maux dont souffrait ma pa-tri-e, Je les mé-dite en mon i-so-le-ment: Pau-vre Mou-giks, on escompte nos â-mes; Troupeau de serfs à la glè-be atta-ché, On nous vend, nous, nos en-fants et nos femmes Comme un bé-tail que l'on mène au mar-ché.

Refrain.

Mais il di-sait que no-tre ter-re, Ver-rait bien-tôt ses maux fi-nir, Et que cet-te fois la lu-miè-re Du soleil couchant doit ve-nir; Et que cet-te fois la lu-miè-re Du soleil couchant doit venir.

Procédés de TANTEN TEIN ET CORDEL, 92, rue de la Harpe.

LE CHANT DU DANUBE

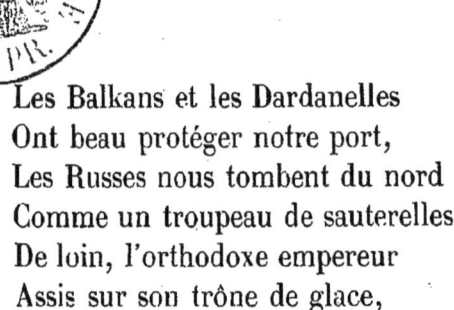

Les Balkans et les Dardanelles
Ont beau protéger notre port,
Les Russes nous tombent du nord
Comme un troupeau de sauterelles.
De loin, l'orthodoxe empereur
Assis sur son trône de glace,
De sa parole de menteur,
Excite leur farouche audace !

Contre ton joug abrutissant
O czar ! l'injure du croissant
S'effacera par ta défaite
Dans le Danube teint de sang.

« Là, dit-il, jamais l'air ne change,
« Chargé d'essences, tout ambré ;
« Là, mûrit le café doré,
« La figue, l'olive et l'orange.
« Leurs kiosques, leurs minarets,
« Et leurs terrasses du Bosphore
« Recèlent de brûlants secrets
« Sous le myrte et le sycomore ! »

Contre ton joug abrutissant, etc.

Il excite leur convoitise
Par l'appât de tous les plaisirs ;
Il fait flamboyer leurs désirs
Comme un bûcher que l'on attise.
« Là-bas, dit-il, sont les houris
« Sur des tapis semés de rose ;
« A moitié chemin de Paris
« Constantinople vous repose. »

Contre ton joug abrutissant, etc.

Puis s'armant du ton dogmatique,
Il présente au serf, au boyard,
D'une main le glaive du czar,
De l'autre la croix schismatique.
Contre le Sud et l'Occident,
Quand ce pape botté fulmine,
Rallions contre l'impudent
Le croissant et la croix latine.

Contre ton joug abrutissant, etc.

Déjà l'Angleterre et la France,
Contre ce vieux Moloch du Nord,
Ont marché d'un commun accord,
Oublieuses de la vengeance ;
Et sur leur double pavillon
Que divisait jadis la haine,
Brille comme un divin rayon
L'espoir de l'alliance humaine !

Contre ton joug abrutissant, etc.

La voix du Droit sera comprise
De la Seine au Niagara,
Du mont Caucase au Sahara,
Du Nil fécond à la Tamise.
Vieux partis, formez tous un clan;
Mettez en commun vos colères!
Chassons ensemble cet ours blanc
Jusques sous ses glaces polaires!

Contre ton joug abrutissant, etc.

www.ingramcontent.com/pod-product-compliance
Lightning Source LLC
Chambersburg PA
CBHW071444060426
42450CB00009BA/2298